RAPPEL
AU DROIT DIVIN
ET A LA LÉGITIMITÉ

PAR

ANDRÉ PEZZANI,

Avocat à la cour impériale de Lyon, lauréat de l'Institut, rédacteur en chef de *l'Echo catholique* et de *l'Industriel français*.

PARIS
LEDOYEN, ÉDITEUR, 31, PALAIS-ROYAL
Galerie d'Orléans.

1861

RAPPEL A LA LÉGITIMITÉ

ET AU DROIT DIVIN.

Depuis quelque temps, la France est inondée d'une avalanche de brochures, de déclamations véritablement furibondes contre le suffrage universel et le droit des nations.

J'avais résolu de ne pas sortir de mon indifférence et de mon dédain envers ces malheureuses élucubrations, me confiant en la Providence suprême qui guide elle-même les progrès de l'humanité.

Mais cette fièvre, inspirée par l'esprit du mal, se multiplie trop et serait à la fin dangereuse.

Or, le devoir de tout homme qui pense est de se prononcer et de choisir entre le bien et le mal, entre la vérité et l'erreur, entre la lumière et les ténèbres, entre la vie et la mort.

Voici les deux axiomes en matière politique : *C'est Dieu qui dirige le mouvement progressif de l'humanité, donc il n'y a autre chose que le droit divin.*

Le droit divin se manifeste par la voix des masses, du peuple, des nations, et il ne peut pas se manifester autrement; donc la seule et unique légitimité est dans le consentement général exprimé par le suffrage universel.

Je ne perdrai pas mon temps à prouver la première de ces propositions, parce que les adversaires de la démocratie l'admettent plus ou moins sincèrement; seulement ils confisquent

Dieu au profit de leur petite et étroite église et de leur caste qu'ils osent dire privilégiée.

Un mot seulement sur la seconde proposition en principe, puis en fait. En qui réside le droit divin? Dans l'individu ou dans la société? Dans le roi ou dans le peuple? Dieu ne peut faire progresser l'individu malgré lui, car ce serait violenter son libre arbitre, tandis que lorsqu'il s'agit de l'homme collectif, de l'humanité ou d'une nation, Dieu la fait marcher selon ses desseins et peut la conduire où il veut. Il suffit pour cela de la distribution providentielle des âmes, c'est-à-dire que tout en respectant la liberté de chacun, celui qui voit et conduit tout peut combiner le choc des volontés et le mélange des opinions, de telle façon que ses vues particulières sur le monde par lui dirigé et destiné aux progrès triomphent et soient sauvegardées. Le droit divin est donc dans le peuple; c'est le peuple seul qui est investi de la souveraineté. La démocratie ou le suffrage universel est la plus haute expression du droit divin. Comme en effet ce sont les masses qui se prononcent, comme l'influence providentielle s'étend sur tous les actes du peuple et principalement sur le fait capital de l'élection de ses chefs, les élus sont appelés en définitive à la fois par la volonté nationale et par la grâce de Dieu. C'est ainsi que Victor-Emmanuel, ce grand roi si calomnié, a pu se dire *roi par la grâce de Dieu et par la volonté de son peuple*, et ceux qui ont critiqué cette légitime appellation, tant dans le parti libéral que dans le parti rétrograde, ont prouvé par là leur ignorance des principes philosophiques supérieurs.

Les rois de l'ancien régime qui tenaient la couronne de la naissance ne pouvaient invoquer le droit divin sans usurpation. Il faut croire seulement que très-souvent Dieu a suscité dans ses décrets des monarques qui représentaient réellement l'état de l'humanité et du pays où s'exerçait leur domination. Mais si cela a eu lieu ainsi, ce n'est pas parce qu'ils étaient de race royale que ces rois ont mérité de représenter leur siècle, c'est parce qu'ils s'étaient assimilé en quelque sorte la pensée générale et nationale; parce qu'ils étaient devenus *peuple;* l'homme individuel avait cessé pour faire place à l'homme collectif, et c'est de là qu'est venu leur légitime autorité. Toutes les idées que l'on s'était formées sur le droit divin étaient donc radicalement fausses. Le droit divin, ou pour parler autrement l'intervention de la Providence dans la société n'en existe pas moins; seulement elle s'exerce, je le répète, sur la masse et non sur l'individu qui peut isolément résister à son action. Ainsi, le despotisme, la tyrannie n'ont jamais été de par la Providence, mais de par la liberté humaine et l'abus du pouvoir.

En fait, et si l'on veut bien réfléchir, on verra (pour ne prendre des exemples que dans notre histoire et pour éviter d'inutiles longueurs) que si les Carlovingiens ont remplacé les Mérovingiens, si les Capétiens ont à leur tour renversé les Carlovingiens, si les Napoléon ont succédé à la race de Capet, c'est en vertu du droit populaire manifesté soit par la tolérance et par un assentiment tacite, soit par l'élection des principaux, soit dans les temps modernes par le suffrage universel qui a sacré Napoléon Ier et Napoléon III, son auguste successeur. Voilà où est la légitimité, je n'en connais pas d'autre. Un droit prétendu divin qui ne s'appuierait pas au moins dans ses origines, sur l'élection, la volonté, le consentement toujours persistant des nations, ne serait qu'usurpation, vol et illégitimité.

Donc, je n'admets pas en droit des traités, des conquêtes, des successions contre le suffrage libre et prépondérant des peuples.

Ainsi, je le dis bien haut et je le proclame : le duc de Modène, le duc Robert, le duc de Toscane, le roi de Naples, ne tenant leurs royaumes que de diplomates assis autour d'un tapis vert, de ces odieux traités de 1815 imposés à la France par une coalition indigne, n'étaient que des usurpateurs, des spoliateurs de nations gémissantes et opprimées.

Il est bon de rappeler aujourd'hui même les puissants et les pharisiens de notre époque aux principes du droit éternel outrageusement méconnu et oublié par eux.

Ah! notre grand Empereur le sait bien, puisque dans la paix de Villafranca et le traité de Zurich, en cédant à Victor-Emmanuel la Lombardie qu'il avait gagnée à l'Autriche, il réservait avant tout le consentement des populations.

Voilà le droit, le droit divin, imprescriptible, immortel. Ce soleil éclatant de justice suffit pour faire pâlir tous les mensonges, toutes les iniquités, tous les sophismes.

Je suis las de tant de déclamations qui auraient pu à la fin obscurcir les vrais principes.

Jamais, diront nos adversaires, la question n'avait été posée sur ce terrain; on tolérait dans notre bouche les épithètes de voleur et de spoliateur prodiguées à Victor-Emmanuel, celles de flibustier et de forban appliquées à Garibaldi, et ces reproches étaient faiblement relevés.

Eh bien! oui, la question, à mon avis, n'avait jamais été discutée comme elle aurait dû l'être; mais il est temps pour tout, il est temps d'arracher les masques; cachez-vous si vous avez peur de la lumière et si elle aveugle vos yeux.

Victor-Emmanuel, fidèle à l'héritage confié à sa piété filiale et à son patriotisme par son père mourant, sacrifiant sa vie et sa couronne au triomphe de l'indépendance italienne; ce roi *galant homme*, surnom que la postérité ratifiera, a eu raison d'entreprendre la noble tâche de la résurrection d'un peuple.

Garibaldi, le pur, désintéressé et héroïque capitaine, digne des temps antiques, réalisateur de prodiges pour son Italie bien-aimée; Cavour, le grand ministre, dévoué à une seule idée, la liberté de son pays; et vous tous, grands ou petits, qui avez travaillé à cette sainte cause par votre épée, avec votre argent ou par la plume, sachez que vous n'avez pas seulement l'avenir pour vous, mais encore le droit, la vérité, la justice. Vous êtes les soldats de Dieu, car vous combattez pour les immortels principes qu'il a gravés lui-même au cœur de l'humanité. La France et son chef glorieux sympathisent avec vous, et vous savez que nos sympathies ne se bornent pas comme celles de l'Angleterre à de stériles vœux.

Pourquoi faut-il que l'éternelle morale soit aujourd'hui tellement retournée par les impies, les méchants et les hypocrites, qu'ils l'aient en quelque sorte usurpée pour leurs noirs desseins? Pourquoi faut-il que l'esprit public, un moment troublé, hésite à reconnaître le jour pur et étincelant du Seigneur? Eh quoi! l'Italie opprimée durant tant de siècles n'avait pas le droit d'obéir à la voix de ses grands hommes et à l'aspiration de tous ses martyrs? Eh quoi! Venise! le Dieu puissant qui t'a faite et si fière et si belle, veut donc que tu sois éternellement esclave, éternellement la ville du silence et des tombeaux? Le droit des nationalités est impérissable. La Providence a mis dans tous les nobles cœurs l'amour de la patrie, la haine de l'étranger, de celui qui n'a ni notre langage, ni nos mœurs, de celui qui foule sans droits et en oppresseur la terre sacrée de notre naissance; Dieu a créé en nous ces sentiments en attendant que tous les peuples fussent unis dans la concorde et dans la paix.

L'Italie avait donc le droit d'être indépendante, et c'est ici surtout que les ennemis de nos idées généreuses font preuve d'une véritable astuce; ils ne parlent jamais de l'Italie ni de ses droits à chasser l'Autrichien et à secouer l'oppression. Voici comment ils raisonnent : « C'est le Piémont, » disent-ils, un petit royaume, qui s'est tout-à-coup pris » d'une convoitise et d'une ambition sans bornes et a voulu » s'annexer des pays qui ne lui appartenaient pas. Victor- » Emmanuel est un brigand couronné. » Jamais, dans leurs perfides sophismes, ils n'emploient d'autres termes que ceux-ci. « Cavour éprouve la plus grande peine à piémon-» tiser Naples ; il n'y parviendra pas. » D'un autre côté, ils affectent de grands airs de moralistes intègres, et ils osent tromper l'esprit public en assimilant faussement des peuples doués d'une âme immortelle, qui ne peuvent être gouvernés qu'avec leur volonté et leur consentement, à des choses inanimées, des champs, des maisons, ou à des troupeaux de bêtes. Ils espèrent par là faire prendre le change à la raison générale, mais ils s'abusent étrangement ; il suffit de signaler leurs ruses à l'attention et au mépris de tous.

Non, la conscience publique répond qu'il ne s'agit pas ici de vol, et que les Italiens avaient le droit de ne plus vouloir être autrichiens par des princes indignes qui leur avaient été imposés et qui pactisaient avec l'étranger. Le duc de Modène est jugé ; on connaît les tendances de ce petit tyran ridicule, pillant ses Etats avant de partir, et emmenant avec lui des prisonniers politiques dont leurs familles n'ont plus entendu parler (ce qui, par parenthèse, est une infamie contre laquelle tous les gouvernements devraient s'élever). Le duc de Toscane n'a pas caché ses sympathies pour l'Autriche ; il a combattu à Solferino dans les rangs de ses soldats, avec le duc de Modène. Le roi de Naples avait fait, on le sait de reste, un traité avec les Autrichiens, par lequel il s'engageait à ne point donner de constitution à ses sujets qu'après l'approbation formelle de ses maîtres absolus. Que restait-il donc à l'Italie pour présider à sa régénération? Le duc Robert, trop jeune pour ce rôle, qui avait le tort immense d'être de la même époque et de la même fournée que les autres souverains, et qui, aux vices de cette patente usurpation, en joignait d'autres tirés de ses alliances et de ses idées de famille ; un pontife vénérable, dont toute l'Italie, ivre d'amour, a salué les tendances libérales au commencement de son règne, mais qui avait vu se dresser entre les Italiens et lui des malentendus, des terreurs et surtout de mauvais conseils. D'ailleurs, prince de la paix, il ne pouvait être le roi guerrier exigé par les circonstances. Je cherche en vain, je ne vois pour sauver l'Italie que des impuissants ou des ennemis.

La Providence veillait sur elle; l'heure de son émancipation avait sonné! Le fils du glorieux Charles-Albert, Victor-Emmanuel, était là. Il n'hésite pas, car une voix d'en haut lui a parlé et lui a dit sa mission. Rien ne lui manquait pour la remplir. Il avait l'audace pour entreprendre, l'abnégation pour se sacrifier et le courage pour réussir. Descendant de l'antique maison de Savoie, Italien par la naissance et par le cœur, il risque tout pour la liberté de son pays, sa couronne et celle de ses enfants, sa tranquillité, son repos, sa gloire même s'il est vaincu, et comme si ce n'était pas assez, il risque aussi sa vie dans les batailles; il ne s'abrite pas, en effet, derrière les casemates d'une citadelle, derrière un camp retranché, ou enfin au dernier rang de ses soldats, non, il s'élance en avant, insoucieux du péril, au plus fort de la mêlée; balles, obus, boulets, il affronte tout; c'est un héros. Ah! c'est bien là le roi de l'Italie! Et vous parlez toujours de Piémont, ô sophistes que vous êtes! Mais je vous ai prouvé clairement tout à l'heure qu'il n'y avait pas d'autre souverain italien pour faire la guerre à l'Autriche. Et c'est précisément aussi pour cette raison que l'idée de confédération, qui aurait pu réussir s'il s'était trouvé d'autres monarques inspirant de la confiance et dégagés des influences autrichiennes, a dû être abandonnée, et que tous les esprits alors ont embrassé avec fureur l'idée d'unité. Supposons, en effet, la restauration des ducs. Modène, Parme, Florence, Naples, Venise, ne l'auraient-ils pas emporté dans un congrès sur Milan et Turin? C'était amener le retour de la domination autrichienne. Ainsi, on aurait fait la guerre, nos généreux soldats conduits par leur magnanime Empereur auraient versé leur sang, et pourquoi? Pour que l'Autriche rentrât par une porte légale et consacrée dans le gouvernement de l'Italie et qu'elle y exerçât sa prépondérance comme autrefois. Voilà le motif le plus clair et le plus net qui a empêché le projet de confédération.

Le Piémont! Il n'y a plus aujourd'hui de Piémont, plus de Naples, plus de Florence, de Parme, ni de Modène, ni de Lombardie, ni même (si on ne s'arrête pas au fait brutal, mais au droit) de Venise. Il n'y a qu'une seule patrie pour des peuples liés par les affinités de race, de mœurs, de langage, et surtout, ce qui vaut mieux encore, par la haine de l'Autrichien; il n'y a que l'Italie une!

Il fallait à l'Italie le concours de la France, sa sœur, pour vaincre une tyrannie qui avait eu le temps de préparer ses moyens. La France, représentée par Napoléon III, le donna généreusement.

On a insinué (et c'est un Français, un membre du Corps législatif, qui nous saura gré de ne pas prononcer son nom), que l'Empereur des Français avait secouru l'Italie par crainte des assassins et du renouvellement d'un attentat odieux. Une pareille allégation serait plus qu'un mensonge, ce serait une infamie. La grande âme de Napoléon a oublié, au contraire; il n'a voulu voir dans ce crime atroce qu'une œuvre individuelle d'hommes égarés, et ce sera son éternelle gloire dans la postérité. Il a prêté son concours aux Italiens parce que leur cause était juste, parce qu'ils étaient indignement attaqués, parce que l'intérêt de la France était d'abaisser l'influence voisine de l'Autriche. Il a décidé la guerre non pas *parce que*, mais *malgré*. Voilà la vérité, et vos insinuations perfides ne parviendront pas à la dénaturer. Rappelez-vous ici l'enthousiasme qui a éclaté lors du départ pour l'Italie de nos troupes, suivies bientôt par l'Empereur acclamé. L'histoire est impartiale, elle ne croira pas aux fureurs et aux attaques d'un parti incorrigible, ou, si elle y croit, elle les flétrira par son silence et par son mépris.

Quelques-uns de nos adversaires font volte-face avec des arguments aussi flexibles que leur conscience. Nouveaux Bilboquet, ils se livrent à des exercices non moins surprenants et inespérés de leur part que de plus en plus forts ; ils adoucissent leur langage et consentent à se placer sur notre terrain. « Nous ne sommes pas aussi ennemis que vous le » croyez du suffrage universel, nous vous accordons (c'est » très-heureux) que les peuples ne sont pas des choses ou » des brutes, qu'il faut les consulter et s'en remettre à leur » décision ; mais il faut que ce soit sérieusement, et qui vous » dit, par exemple, que les sujets de ce bon duc de Modène, » de cet excellent duc de Toscane, du roi de Naples, ce » modèle accompli des souverains, n'aient pas eu beaucoup » d'affection pour eux ? Le Piémont a usé d'intimidation, les » volontaires italiens ont agi envers eux par surprise, les » malheureux n'ont pas été libres. »

Pour réfuter ces étranges prétentions, il a suffi d'un argument écrasant tiré des faits tels qu'ils s'étaient passés, notamment de la marche triomphale de Garibaldi avec sa poignée de valeureux compagnons dans le royaume des Deux-Siciles. Un puissant orateur, qui s'est révélé d'un seul trait et a pris place au premier rang, S. A. I. le prince Napoléon, a porté à ces invraisemblables objections un coup dont elles ne se sont pas relevées. Chacun a encore le souvenir de ses vives, franches et éloquentes paroles, lorsqu'il a dit que « la conspiration était aisée à qui avait déjà tous les cœurs. »

Cependant l'auteur récent d'une brochure (remarquable par sa virulence, mais qui se fonde uniquement sur le fait faux, et que nous avons démontré tel, d'un droit imaginaire des princes autrichiens expulsés, sur des Etats qu'ils gouvernaient en vertu de traités spoliateurs et contre l'assentiment général, de telle façon que son argumentation pêche essentiellement par sa base et qu'elle est partout le rebours de la vérité), M. le comte de Montalembert revient encore sur l'annexion des pays italiens au Piémont, ou plutôt, car c'est une très-mauvaise manière de parler, sur la volonté exprimée par ces peuples de former un royaume uni, sous le sceptre du grand roi Victor-Emmanuel ; il dit, page 41 : « Les » votes que vous invoquez n'ont eu lieu qu'en présence et » sous la pression des baïonnettes unitaires.... On n'a pas » répondu et on ne répondra jamais à cet argument. Mais » jusqu'à ce qu'on y réponde, nous aurons le droit de dire » que vos scrutins ne prouvent rien et que le mot *Plus de* » *bombes que de votes* reste l'histoire de vos conquêtes. »

Permettez-moi de vous le dire, Monsieur le comte, cet argument n'est pas sérieux, et je vais vous amener vous-même à reconnaître de bonne foi tout à l'heure que vous avez été égaré ici, comme dans toute votre brochure, et que vous n'auriez pas dû l'invoquer. Mais avant de faire cette preuve décisive et que vous ne récuserez pas, je veux citer la réponse faite au Sénat par l'homme éminent dont je parlais tout à l'heure, par le prince Napoléon :

« Aujourd'hui, que fera le parlement italien? Sa conduite est toute tracée. La question est claire et nette. Il proclamera le résultat du vote universel exactement comme nous l'avons fait en 1852.

» Les mêmes causes amènent les mêmes effets, et ce qui est juste de ce côté-ci des Alpes, est également juste de l'autre côté.

» Que n'a-t-on pas dit sur le suffrage universel? Ah! je reconnais là une vieille accusation; je reconnais les ennemis cachés du suffrage universel, qui, n'osant pas le combattre ouvertement, l'attaquent indirectement et disent : Il n'a pas été sincère. Ces adversaires de la veille se font puritains du lendemain, parce que le suffrage aurait été influencé dans tel ou tel village. Ces hommes disent : C'est une arche sainte à laquelle vous avez porté atteinte, le suffrage universel ne vaut plus rien.

» Je répondrai que le suffrage universel ne se fausse pas, qu'il est toujours vrai dans l'ensemble de ses résultats. Il y a bien des abus partiels que je ne défends pas ; mais enfin, toutes les accusations qu'on a portées et qu'on porte encore aujourd'hui contre ce suffrage universel en Italie, ce sont de vieux arguments. Je les connais. Vous les avez portés (je dis vous, en dehors du Sénat). Je m'explique : les partis hostiles les ont portés contre l'Empereur en 1851. Ils ont allégué l'état de siége : ils ont dit qu'il n'y avait pas de liberté de presse, etc. Non, il y a une chose qui domine, c'est la volonté d'un peuple qui ne se fausse pas. »

Cette réponse est excellente et je vous ai promis, Monsieur le comte, de vous convertir sur ce point, car pour les autres vous avez fait trop de pas vers la mort, pour que l'on puisse facilement vous rappeler à la vie, et les ténèbres dont vous êtes enveloppé font trop d'obstacles à la vérité lumineuse. Mais enfin, sur cette question, vous allez, je l'espère, être d'accord avec moi. Pour cela, suivez-moi.

Voici le czar, l'autocrate de toutes les Russies, qui conçoit l'idée d'obtenir l'assentiment de la Pologne à la perte de sa nationalité. « Puisqu'on peut faire voter un peuple à sa » guise, se dira-t-il, par des canons et des sicaires, donnons-» nous aussi cette satisfaction ; nous aurons alors le droit » pour nous. Si M. de Montalembert et ses pieux confrères » l'affirment, gardons-nous d'en douter. » Aussitôt dit, aussitôt fait. Un plébiscite ainsi conçu est publié : « Voulez-» vous que la Pologne soit réunie à la Russie et rayée comme » elle l'est depuis longtemps en fait du rang des nations ? » Oui ou non. Le jour est indiqué pour la votation solennelle dans tout le royaume. Les canons sont braqués et chargés à mitraille, leur mèche allumée, des cosaques sont dans toutes les rues et à la porte de toutes les maisons, les citoyens sont traînés à la salle où l'on reçoit les bulletins, des égorgeurs sont là, ils lèvent leurs poignards sur la poitrine des électeurs. Je vous interpelle à présent, Monsieur le comte, que feraient les héroïques fils de la Pologne, consentiraient-ils à laisser tomber dans l'urne le *oui* fatal, que feraient-ils enfin? Répondez-moi, il est temps. Ah! je réponds pour vous, et votre conscience ne me désavouera pas; que feraient-ils? Ils mourraient.

Vous voyez donc bien *que la volonté d'un peuple ne se fausse pas*, et qu'il n'est pas si facile de lui imposer un vote. Devant cet exemple tout palpitant d'actualité, vous et vos amis avez mauvaise grâce à déployer comme argument une fantasmagorie mensongère qui n'a jamais eu de réalité et n'a trouvé place que dans ces correspondances fabriquées à plaisir du *Monde*, de l'*Union* et autres journaux de la même farine.

Quelques-uns de nos adversaires, dans le comble de la rage et de l'aveuglement, ont osé s'en prendre à la civilisation moderne et aux progrès de l'humanité; c'était s'attaquer à Dieu même. La civilisation moderne, où prédomine la tolérance et la charité, est fille de l'envoyé divin, de notre sublime maître, du Christ en un mot. N'est-ce pas lui, en effet, qui a commandé à Pierre de ne jamais se servir de l'épée? c'est-à-dire de n'employer jamais pour amener une brebis au céleste bercail la contrainte physique ou morale, mais seulement la douce et sainte violence de l'exemple, de la persuasion et de l'amour. N'est-ce pas encore cette doctrine admirable du Christ qui, après avoir contribué à renverser l'esclavage, plus tard à modifier le servage, et toujours à secourir les pauvres et à défendre les opprimés, a triomphé enfin dans l'ordre social en inspirant l'immortelle devise de 1789: *Liberté, égalité, fraternité?* N'est-ce pas elle qui va amener dans l'avenir la solidarité et la confédération universelles, jusqu'à ce que le monde terrestre tout entier soit consommé dans l'unité indivisible de la gloire et du bonheur?

Mais le pape, dira-t-on, le pape; vous ne nous parlez pas

du pape? Qu'en faites-vous? Le pape restera ce qu'il est, le chef vénéré de la religion catholique, dont il est le pontife ; seulement il y gagnera. Il sera débarrassé des influences autrichiennes et rétrogrades qui opprimaient son esprit et son cœur et lui inspiraient très-souvent (bien entendu en dehors de la foi) de regrettables opinions. Il redeviendra le Pie IX des premiers jours, et l'amour de tous comme autrefois sera sa récompense.

— Mais, me direz-vous, non, c'est impossible, le pape l'a déclaré. Jamais il ne pactisera avec l'Italie, et surtout avec son prétendu roi.

Eh quoi! vous répondrai-je, n'est-ce pas lui qui, le premier, en 1847, a prononcé les mots magiques d'indépendance italienne ?

— Mais, interrompez-vous de nouveau, il a frappé de sa réprobation la civilisation moderne.

Arrêtez, impies et téméraires, ce n'est pas le pape qui a dit cela. Je connais ceux qui le conseillent.

Ce n'est pas à vous de relever cet imprudent langage. Arrêtez-vous sur la pente du blasphème et de l'hérésie, car si vous prétendiez que telle est l'opinion libre et persistante du pape, il ne serait plus pape, puisqu'il se séparerait avec éclat du Christ et de sa sublime doctrine. Vous voyez donc bien à votre tour que c'est impossible.

En finissant ce court, mais substantiel opuscule, je m'adresse à toi, ô genre humain!

Marche sans crainte, marche sans te lasser, marche constamment sous la main de Dieu, de Dieu, ce grand révolutionnaire qui crée à chaque minute de nouveaux mondes et qui pousse en avant ses humanités, imperceptiblement quelquefois, sensiblement aux époques solennelles, et toujours au moyen de ses missionnaires inspirés.

LYON. — Imprimerie de B. Boursy, quai Mercière, 92.

OUVRAGES DU MÊME AUTEUR.

Traité du Mariage.
Manuel de droit administratif.
Poèmes lyriques et dramatiques.
Exposé d'un nouveau système philosophique.
Dieu, l'Homme, l'Humanité et ses progrès.
Philosophie de la révélation.
Les Mathématiques de l'infini.
Le Rêve d'Antonio, suivi d'un Essai sur le druidisme.
Esquisse de la philosophie de Ballanche.
Essai sur les anciens Mystères.
Fragments philosophiques.
Nouveaux Fragments.
Lettre sur le Sommeil et le Somnambulisme.
Principes supérieurs de la Morale, 2 vol. in-8 (couronné par l'Académie des Sciences morales et politiques).
Examen des questions pendantes en philosophie religieuse.
Echo catholique (année 1860).
Le Règne de Dieu.
Le Précurseur religieux.
Prophétie sur l'Italie et l'état futur de l'Eglise.
Saint Jean-Baptiste.

www.ingramcontent.com/pod-product-compliance
Ingram Content Group UK Ltd.
Pitfield, Milton Keynes, MK11 3LW, UK
UKHW032040260826
14628UKWH00007B/3094

9 782016 123669